MEIN SAURIERSTARKER DINO-ATLAS

Illustriert von Paul Daviz
Geschrieben von Penelope Arlon

EARTHAWARE KIDS

Created by Weldon Owen, an imprint Insight Editions, LP

Published by arrangement with Weldon Owen,
an imprint of Insight Editions, LP, 800 A Street, San Rafael, CA
94901, USA, www.insighteditions.com

Titel der Originalausgabe: My First Dinosaur Atlas
Texte: Penelope Arlon
Illustrationen: Paul Daviz
Beratung: Dr. Neil Clark, The Huntarian Museum
Redaktion: Stella Caldwell
Grafik: Tony Gordon-Harris
Art Director: Stuart Smith
Herausgeber: Sue Grabham

1. Auflage 2024

moses. Verlag GmbH
Arnoldstraße 13d, 47906 Kempen
Fon: 02152-209850, Mail: info@moses-verlag.de
www.moses-verlag.de

Übersetzung: Elena Bruns,
Cover & Satz: Daniel Dittmann
Redaktion: Kendra Otte

ISBN: 978-3-96455-3126

Printed in China

MIX
Papier aus verantwortungsvollen Quellen
FSC® C188448

INHALT

DIE WELT DER DINOSAURIER

Vor Millionen von Jahren streiften alle möglichen Arten von Dinosauriern über die Erde. Gigantische Pflanzenfresser brachten den Boden zum Beben, während sie daherstapften. Grimmige Fleischfresser nutzten ihre tödlichen Zähne und scharfen Krallen für die Jagd. Einige Dinos hatten Federn, andere besaßen beeindruckende Hörner, Stacheln, Nackenschilde oder Kämme. Auch zahlreiche andere Tiere lebten zu Zeiten der Dinosaurier. Seltsame Wesen flogen durch die Lüfte, und riesige Reptilien jagten in den Meeren. Aber an Land herrschten 165 Millionen Jahre lang die Dinos.

ZÄHNE UND KRALLEN

Fleischfresser hatten scharfe Klauen und lange spitze Zähne, um Fleisch zu zerteilen. Sie liefen aufrecht auf ihren Hinterbeinen.

GIGANTISCHE DINOSAURIER

Viele riesige Pflanzenfresser hatten schmale Köpfe und lange Hälse und Schwänze. Einige waren so groß wie drei Doppeldeckerbusse.

MINI-DINOS

Die kleinsten Dinos waren nur so groß wie ein Huhn. Viele von ihnen hatten Federn wie ein Vogel.

GESCHMÜCKTE DINOS

Einige Dinosaurier hatten Stacheln oder Kämme. Der große Nackenschild dieses Dinos sollte die Weibchen beeindrucken.

GEPANZERTE DINOSAURIER

Die feste, stachelige Haut einiger Dinos war wie eine Rüstung. Sie schützte vor den Zähnen und Krallen hungriger Fleischfresser.

SCHAU GENAU! Entdecke die größten, kleinsten, grimmigsten, stacheligsten und

RASANTE FLIEGER

Der Himmel war voll von fliegenden Reptilien – den *Pterosauriern*. Manche waren so groß wie kleine Flugzeuge!

beeindruckendsten Dinosaurier. Welchen magst du am liebsten?

FLEDERMAUS-FLÜGEL

Peteinosaurus war so groß wie eine Fledermaus. Dieser Flugsaurier hatte einen langen Schwanz, lederartige Flügel und einen Schnabel voll scharfer, spitzer Zähne.

SCHNELLER LÄUFER

Eoraptor war etwa so groß wie ein Fuchs. Mit seinen scharfen Klauen und Zähnen fing er Eidechsen.

SCHAU GENAU! Wie viele Flugsaurier kannst du entdecken?

BLÄTTER MAMPFEN

Riojasaurus verbrachte die meiste Zeit damit, Blätter zu kauen. Sein langer, biegsamer Hals half ihm dabei, die Baumkronen zu erreichen.

DIE TRIAS

Die ersten Dinosaurier lebten in einer Zeit namens Trias. Die Welt damals sah sehr anders aus als heute. Es gab keine Menschen, Häuser, Städte oder Länder, sondern einfach nur eine riesige Landmasse umgeben von einem einzigen weiten Ozean.

Das Land war heiß, trocken und staubig. An den Küsten war es kühler, dort wuchsen Bäume und Farne, und dort lebten die meisten Dinosaurier. Viele dieser Dinos waren kleine, flinke Fleischfresser wie *Eoraptor* oder *Coelophysis*. Sie flitzten auf zwei Beinen umher und suchten kleine Tiere und Insekten zum Fressen.

DIE TRIAS (V. 252–201 MIO. J.)

Zu Beginn der Trias ...

... sah die Welt so aus!

Welche Dinos in der Trias haben lange Hälse?

GIGANTEN DES JURA

In der Jurazeit war es warm und es regnete häufig. Das Land war von dichten, feuchten Wäldern bedeckt. Üppige grüne Pflanzen wuchsen entlang der Flüsse und unter den hohen Bäumen. Für die Tiere gab es jede Menge Nahrung.

Zu dieser Zeit lebten viele verschiedene Dino-Arten, und einige von ihnen wurden unvorstellbar groß. Pflanzenfresser mit langen Hälsen futterten das Laub selbst von den höchsten Ästen, und hungrige Fleischfresser streiften durch die Wälder. Die Dinos waren die größten, wildesten und schnellsten Lebewesen der Erde.

FURCHTERREGENDER JÄGER

Allosaurus war einer der größten Fleischfresser im Jura. Mit seinen beeindruckenden, spitzen Zähnen riss er seine Beute in Stücke.

SCHAU GENAU! Sieh dir den Hals von *Giraffatitan* an. Ahnst du, woher dieser Dino

STACHELIGER KÄMPFER

Stegoscurus nutzte seinen stacheligen Schwanz, um Feinde, wie *Allosaurus*, abzuwehren. Mit seinen enormen Rückenplatten sah er noch größer und Furcht einflößender aus.

EXTRA LANG

Der Blätter fressende *Apatosaurus* war so lang wie zwei Schulbusse. Seinen langen, kräftigen Schwanz schwang er wie eine Peitsche, um Feinde abzuwehren.

seinen Namen hat? Welche verschiedenen Schwänze siehst du?

MÄCHTIGES GEBISS

Der gefährliche *Giganotosaurus* jagte andere große Dinosaurier. Sein gigantisches Maul war voll messerscharfer Zähne.

SCHNELLER LÄUFER

Der gefiederte *Struthiomimus* sah ein wenig aus wie ein Vogel Strauß. Mit seinen langen Beinen konnte er schnell rennen und hungrigen Räubern entkommen.

VERRÜCKTE KREIDEZEIT

In der Kreidezeit sah die Welt schon fast genauso aus wie heute. Es gab Wälder, Sümpfe und offene Grasflächen. Blumen zierten die Landschaft, und Bienen und andere Insekten summten durch die Luft.

Verrückt aussehende Dinosaurier in allen Formen und Größen streiften umher. Einige hatten lange Federn und andere beeindruckende Kämme. Es gab Dinos mit großen Köpfen und Nackenschilden und solche mit furchterregenden Stacheln und Hörnern.

SCHAU GENAU! Wie viele gefiederte Dinosaurier kannst du entdecken?

UNGLAUBLICHE KRALLEN

Therizinosaurus hatte von allen Dinos die längsten Krallen!

SPEZIAL-STACHELN

Dank der sechs langen Stacheln um seinen Kopf sah der *Styracosaurus* enorm stark aus. Außerdem beeindruckte er mit den Stacheln die Weibchen.

Welcher Dino trägt ein langes, spitzes Horn auf der Nase?

FOSSILIEN

Woher wissen wir, dass es Dinosaurier gab? Von den Fossilien natürlich! Fossilien sind versteinerte Überreste von Tieren und Pflanzen, die vor Millionen von Jahren gelebt haben. Dinosaurierknochen, Fußabdrücke, Federn, Eier und sogar Kot wurden überall auf der Welt ausgegraben.

Jedes Jahr werden aufregende neue Dinos entdeckt. Wer weiß, vielleicht verbirgt sich sogar direkt unter deinen Füßen ein unglaubliches Fossil im Boden!

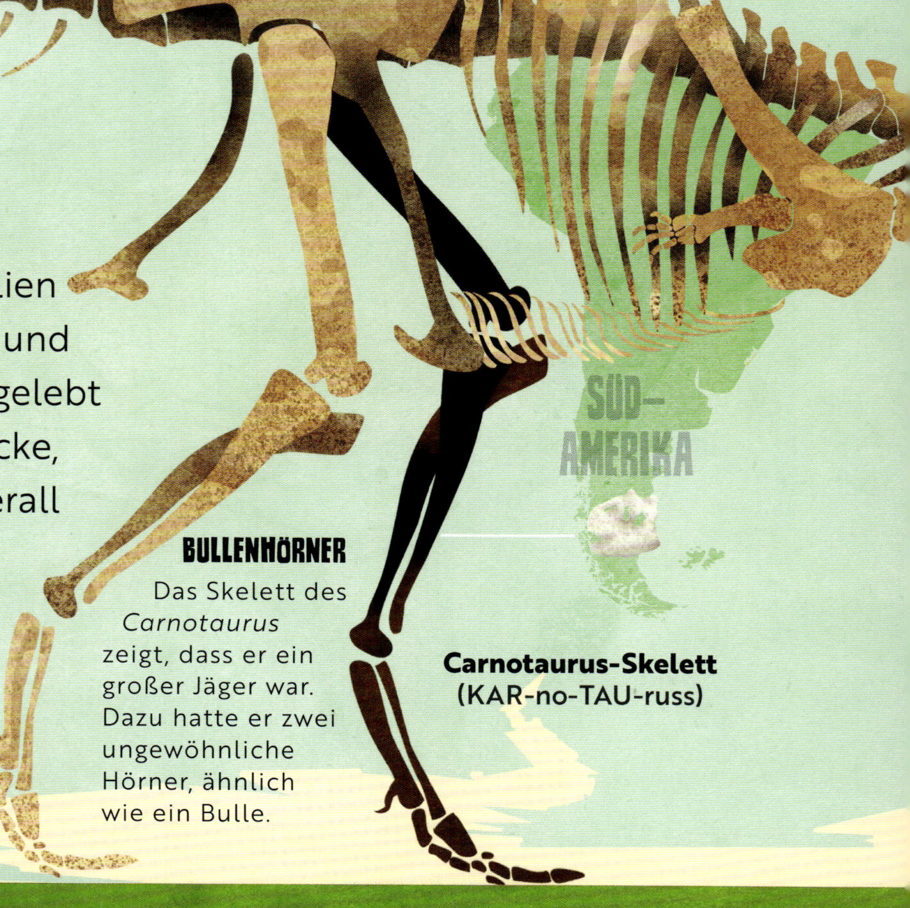

SCHAU GENAU! Was für Fossilien siehst du hier? Hast du jemals ein Fossil gefunden

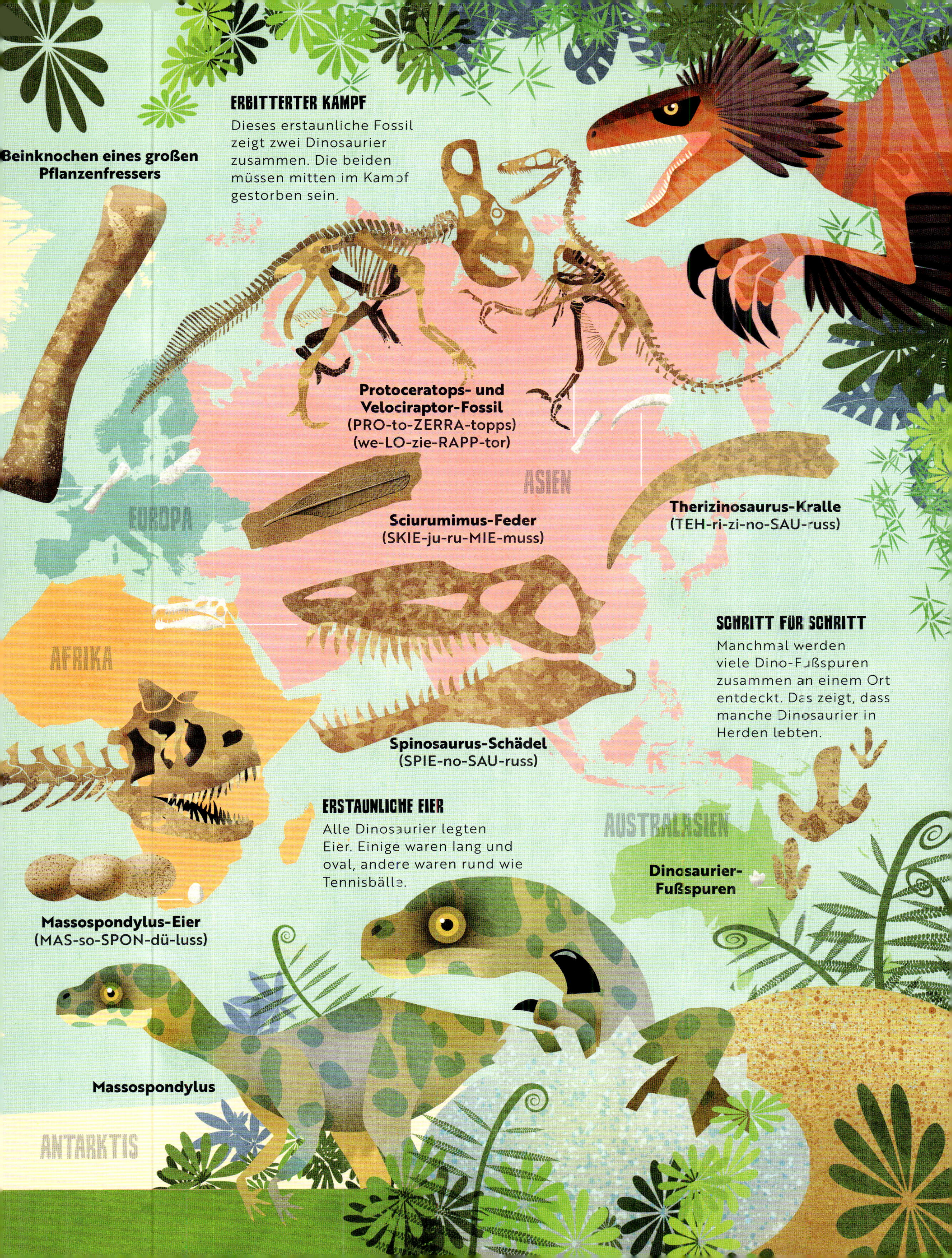

Beinknochen eines großen Pflanzenfressers

ERBITTERTER KAMPF

Dieses erstaunliche Fossil zeigt zwei Dinosaurier zusammen. Die beiden müssen mitten im Kampf gestorben sein.

Protoceratops- und Velociraptor-Fossil
(PRO-to-ZERRA-topps)
(we-LO-zie-RAPP-tor)

Sciurumimus-Feder
(SKIE-ju-ru-MIE-muss)

Therizinosaurus-Kralle
(TEH-ri-zi-no-SAU-russ)

SCHRITT FÜR SCHRITT

Manchmal werden viele Dino-Fußspuren zusammen an einem Ort entdeckt. Das zeigt, dass manche Dinosaurier in Herden lebten.

Spinosaurus-Schädel
(SPIE-no-SAU-russ)

ERSTAUNLICHE EIER

Alle Dinosaurier legten Eier. Einige waren lang und oval, andere waren rund wie Tennisbälle.

Dinosaurier-Fußspuren

Massospondylus-Eier
(MAS-so-SPON-dü-luss)

Massospondylus

NORDAMERIKA

Bist du schon einmal in Nordamerika gewesen? In den Wüsten, Schluchten und Bergen dort liegen viele unglaubliche Fossilien begraben. Es wurden Stacheln, Nackenschilde, Krallen und Kiefer voll scharfer Zähne gefunden. Entdeckst du einige dieser Dinge bei den Dinos auf der Landkarte?

Tyrannosaurus rex, oder T. rex, ist vermutlich der bekannteste aller Dinosaurier. Wusstest du, dass dieser riesige Fleischfresser einst in Nordamerika umherstreifte? Er tötete jeden Dinosaurier, der ihm begegnete!

TRÖTENDE TROMPETE

Forschende vermuten, dass *Parasaurolophus* den großen Kamm auf seinem Kopf nutzte, um ein lautes Trompeten zu erzeugen.

Parasaurolophus
(PA-ra-SAU-ro-lo-fuss)

Troodon
(tro-O-donn)

KNOCHENBRECHER

Seinen kräftigen Kiefer konnte *Tyrannosaurus rex* weit aufreißen. Mit seinen riesigen, scharfen Zähnen ließen sich sogar Knochen zermalmen.

Tyrannosaurus rex
(TÜ-ran-no-SAU-russ reks)

Utahraptor
(JU-tah-RAPP-tor)

Lambeosaurus
(LAM-be-jo-SAU-russ)

SCHAU GENAU! Wer hat Stacheln?

SCHRECKLICHER SCHWANZ

Euoplocephalus hatte eine riesige Keule am Ende des Schwanzes. Er verteidigte sich damit gegen Angreifer, wie *Tyrannosaurus rex*, indem er sie gegen dessen Beine krachen ließ.

KLAUEN-HÄNDE

Plateosaurus lief auf den Hinterbeinen und rupfte mit seinen Händen Blätter von den Bäumen.

RIESIGE EIER

Die versteinerten Eier von *Apatosaurus* sind so groß wie Basketbälle!

Wie viele Dinosaurier mit Hörnern am Kopf zählst du?

SÜDAMERIKA

Einige der größten Dinosaurier, die jemals entdeckt wurden, lebten einst in Südamerika. Einer von ihnen ist *Dreadnoughtus*. Forschende vermuten, dass dieser riesige Pflanzenfresser so viel wog wie acht Afrikanische Elefanten!

Auch viele andere sehr große Dinos bewohnten diesen Teil der Welt. Gewaltige Pflanzenfresser ernährten sich von den höchsten Bäumen. Mächtige Fleischfresser machten Jagd auf andere Dinos. Kräftige Dinosaurier, deren Schnäbel an Enten erinnerten, lebten in Herden zusammen. Südamerika war das Reich der Giganten!

ENORME STAMPFER

Dreadnoughtus' Vorderbeine waren so hoch wie zwei übereinanderstehende Menschen.

SCHAU GENAU! Wie viele Dinosaurier, die auf vier Beinen laufen, siehst du?

SICHER IN DER HERDE

Laquintasaura war etwa so groß wie ein kleiner Hund. Zum Schutz lebten diese Dinos in Herden.

SCHNAPPENDES MAUL

Irritator hatte ein langes schmales Maul wie ein Krokodil. Meist fraß er Fisch.

LAUTES RASSELN

Amargasaurus besaß eine Doppelreihe Stacheln an seinem Hals und Rücken. Vielleicht rasselte er damit, um Fleischfresser zu vertreiben.

REKORD-SPRINTER

Carnotaurus hatte lange, dünne Beine und einen dicken, muskulösen Schwanz. Dies half dem Fleischfresser, schnell hinter seiner Beute herzurennen.

Entdeckst du einen Dinosaurier mit Knubbeln am Rücken?

EUROPA

Wusstest du, dass das allererste Dinosaurier-Fossil in Europa gefunden wurde? Dieser Dino wurde *Megalosaurus* genannt. Seitdem wurden jede Menge erstaunlicher Fossilien in allen Formen und Größen ausgegraben. In Europa lebten zahlreiche große Dinosaurier, aber auch viele kleine. *Compsognathus* war zwar nur so groß wie ein Huhn, aber ein gefährlicher und schneller Jäger!

Auch einige gefiederte Fleischfresser, wie *Sciurumimus,* wurden entdeckt. Der flauschige Dino hatte einen buschigen Schwanz wie ein Eichhörnchen.

HUNGRIGER JÄGER
Die Zähne des Fleischfressers *Megalosaurus* waren scharf wie Klingen.

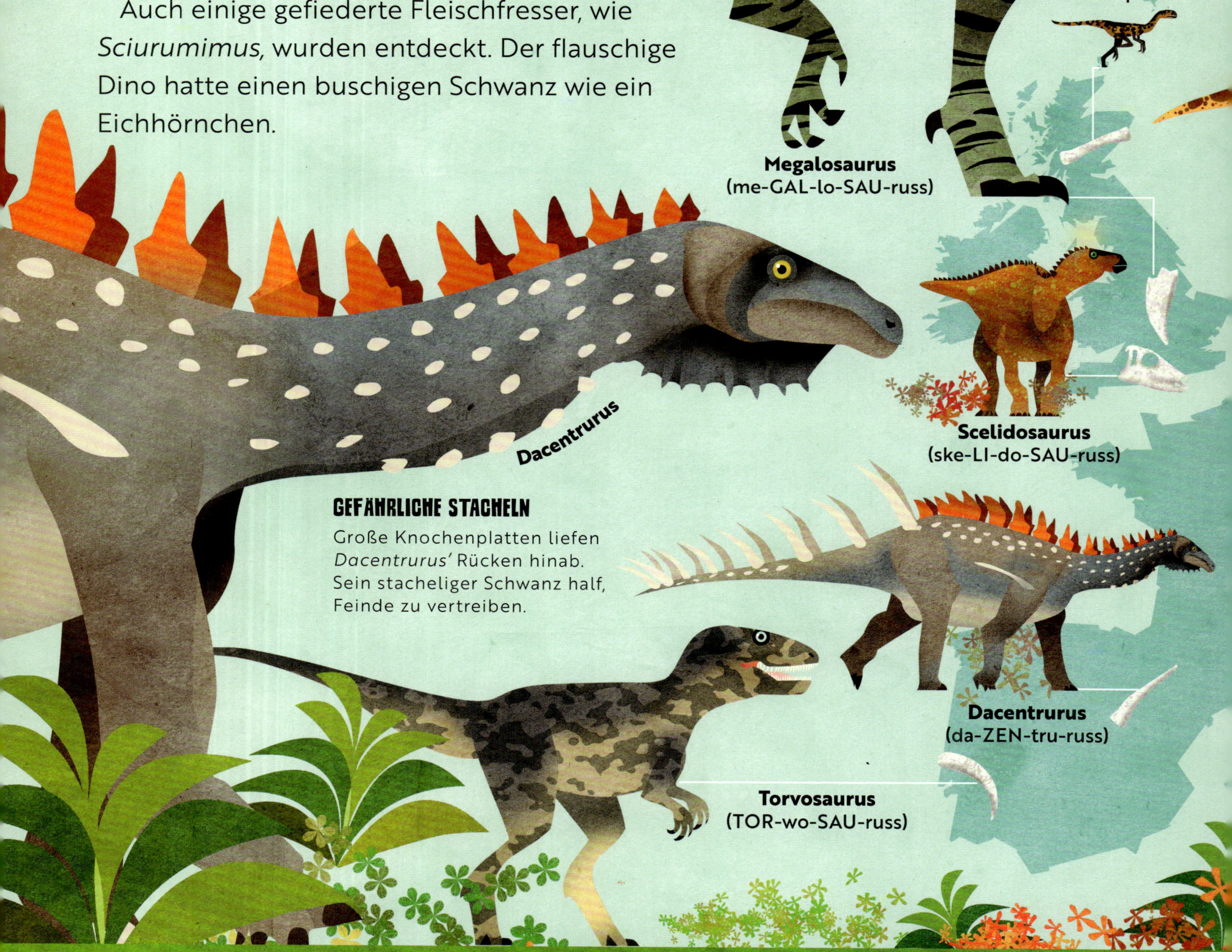

GEFÄHRLICHE STACHELN
Große Knochenplatten liefen *Dacentrurus'* Rücken hinab. Sein stacheliger Schwanz half, Feinde zu vertreiben.

SCHAU GENAU! Entdeckst du die Herde kleiner Dinosaurier?

DAUMEN-STACHEL

Sieh dir den großen Stachel am Daumen von *Iguanodon* an! Er könnte damit Angreifer gestochen oder harte, feste Blätter abgerupft haben.

VERSTECKTE EIER

Die ersten Dino-Eier, die jemals gefunden wurden, gehörten zu *Hypselosaurus*. Er vergrub seine Eier in einer Mulde im Boden.

Welcher Dino besitzt einen Daumen-Stachel?

AM HIMMEL UND IM MEER

Stell dir vor, du schaust zur Zeit der Dinos in den Himmel und siehst riesige fliegende Wesen. Die Pterosaurier waren geflügelte Reptilien. *Eudimorphodon* war nur so groß wie eine Krähe, aber *Hatzegopteryx* war so groß wie ein kleines Flugzeug!

Tief in den Ozeanen jagten gigantische Reptilien ihre Beute. Der schnelle Schwimmer *Liopleurodon* glitt lautlos durchs Wasser. *Mosasaurus* schnappte mit seinem riesigen Maul nach anderen Reptilien.

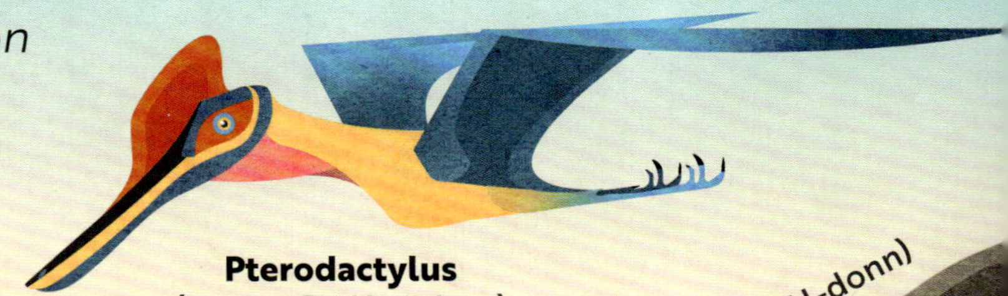

FLOSSEN-ANTRIEB

Liopleurodon war so groß wie ein Schwertwal. Er schwamm, indem er seine Flossen auf und ab bewegte.

SCHAU GENAU! Findest du einen Flugsaurier mit scharfen, spitzen Zähnen?

SCHRECKEN DER LÜFTE

Hatzegopteryx war einer der größten Pterosaurier aller Zeiten. Vermutlich ernährte er sich von Baby-Dinos.

SCHARFE ZÄHNE

Der lange Schnabel von *Rhamphorhynchus* war voller scharfer, spitzer Zähne. Er ernährte sich von Fisch und Insekten.

MEER UND KÜSTE

Nothosaurus jagte im Meer nach Fischen. Er hatte vier kurze Beine und konnte damit an Land laufen, um sich an der Küste auszuruhen.

Welcher Meeressaurier konnte auch an Land laufen?

AFRIKA

Hast du schon einmal von *Spinosaurus* gehört? Dieser gigantische fischfressende Dinosaurier wurde in Afrika entdeckt. Er ist sogar der größte fleischfressende Dino, der jemals gefunden wurde! Kannst du dir vorstellen, wie er durch einen Sumpf stapft und mit seinem Krokodil-Maul schnappt? *Nigersaurus* ist ein anderer bemerkenswerter Dinosaurier aus diesem Teil der Welt. Dieser massige Pflanzenfresser hatte über 500 Zähne in seinem Maul!

Auch die ältesten je entdeckten Dino-Eier-Fossilien wurden in Afrika gefunden. Sie stammten von dem langhalsigen Pflanzenfresser *Massospondylus*. In einigen Eiern waren sogar noch winzige Dino-Babys.

HAI-GEBISS

Carcharodontosaurus hatte lange, gezackte Zähne wie ein Hai. Er durchbohrte und zerriss damit seine Beute.

BABY-DINOSAURIER

Massospondylus legte seine Eier in ein Nest am Boden. Nachdem sie geschlüpft waren, wuchsen die Kleinen sehr schnell, um die Größe ihrer Eltern zu erreichen.

SCHAU GENAU! Welcher Dinosaurier hat einen sehr stacheligen Schwanz?

Entdeckst du den Dinosaurier mit dem Segel auf dem Rücken?

ASIEN

Es gab viele ungewöhnliche Dinos, aber dieser asiatische Pflanzenfresser war wirklich eine sehr komische Kreatur. *Therizinosaurus* war groß, hatte einen langen Hals, einen kleinen Kopf mit Schnabel und einen großen, runden Bauch. Seine Krallen waren so lang wie Baseballschläger!

Auch zahlreiche gefiederte Dinosaurier wurden in Asien entdeckt. Der kleine Fleischfresser *Microraptor* hatte lange Federn an seinen Armen und Beinen, konnte aber nicht fliegen. *Yutyrannus* war ein gefiederter Riese und könnte im Rudel gejagt haben.

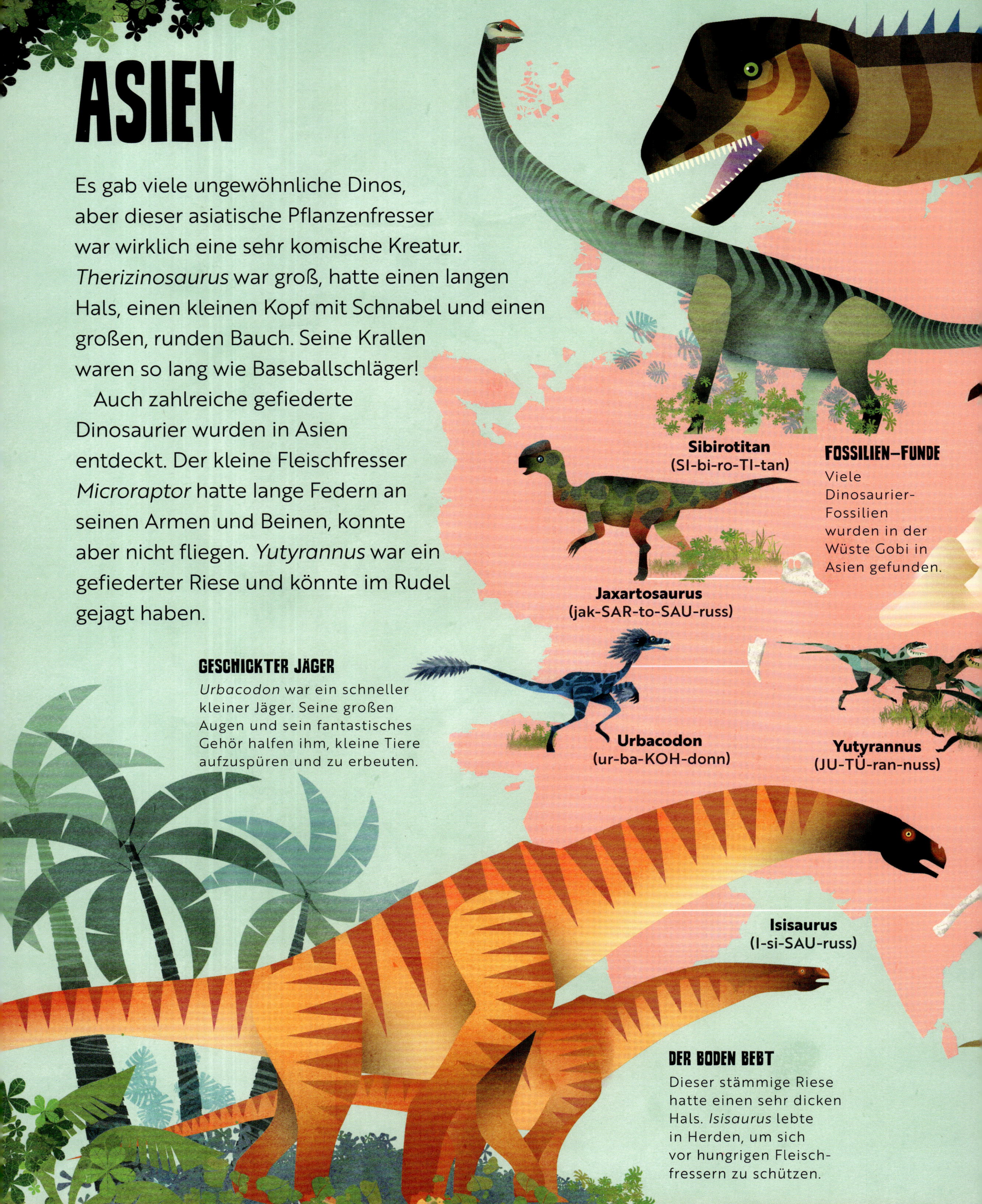

FOSSILIEN-FUNDE

Viele Dinosaurier-Fossilien wurden in der Wüste Gobi in Asien gefunden.

GESCHICKTER JÄGER

Urbacodon war ein schneller kleiner Jäger. Seine großen Augen und sein fantastisches Gehör halfen ihm, kleine Tiere aufzuspüren und zu erbeuten.

DER BODEN BEBT

Dieser stämmige Riese hatte einen sehr dicken Hals. *Isisaurus* lebte in Herden, um sich vor hungrigen Fleisch-fressern zu schützen.

SCHAU GENAU! Findest du den Dinosaurier mit dem kräftigen Hals?

MEGA HALS

Mamenchisaurus hatte von allen Dinosauriern den längsten Hals. Er war fünf Mal länger als der Hals einer Giraffe!

Der Name welches kleinen Dinos fängt mit M an? Kannst du ihn aussprechen?

DIE WÜSTE GOBI

Heute ist Gobi eine endlose, trockene Wüste in der Mitte Asiens. Doch zu Zeiten der Dinosaurier gab es hier üppige grüne Wälder, und Flüsse und Bäche durchzogen das Land. Es war der perfekte Lebensraum für die Dinos.

Kannst du dir vorstellen, wie ein Rudel *Velociraptoren* seine Beute jagt? Diese Räuber hatten scharfe Zähne und Krallen. Um der Gefahr zu entkommen, sprintete *Gallimimus* mit seinen langen Beinen davon. Er war der schnellste Dino aller Zeiten.

NUSS-KNACKER

Mit seinem papageienartigen Schnabel sammelte *Psittacosaurus* Samen und knackte Nüsse. Er hatte scharfe Zähne, um seine Nahrung zu zerbeißen.

KILLER-KRALLEN

Velociraptor besaß eine riesige, hakenförmige Kralle am zweiten Zeh an jedem Fuß. Damit tötete er seine Beute und schlitzte sie auf.

SCHAU GENAU! Welcher Dinosaurier kümmert sich gerade um seine Eier?

TÖDLICHER RIESE

Tarbosaurus hatte etwa 60 Zähne in seinem kräftigen Maul. Mit den Krallen an seinen Händen konnte er die zappelnde Beute packen

FÜRSORGLICHE ELTERN

Oviraptor kümmerte sich um seine Eier, so wie Vögel es heute tun. Er saß auf seinem Nest, um die Eier warm zu halten und vor Gefahr zu schützen.

Findest du den Dino mit knochigem, kuppelförmigem Schädel?

OZEANIEN

SELTSAME NASE
Sieh dir den Höcker auf der Schnauze dieses Dinos an! Vielleicht machte *Muttaburrasaurus* damit laute Geräusche.

In diesem Teil der Erde wurden nur wenige Dinosaurier ausgegraben, aber es wurden jede Menge erstaunlicher Fußspuren entdeckt. Sogar die größten Fußspuren weltweit wurden hier gefunden.

Australiens bekanntester Dinosaurier ist *Muttaburrasaurus*. Dieser Pflanzenfresser mit der großen Nase konnte auf seinen Hinterbeinen stehen, um von hohen Bäumen zu futtern.

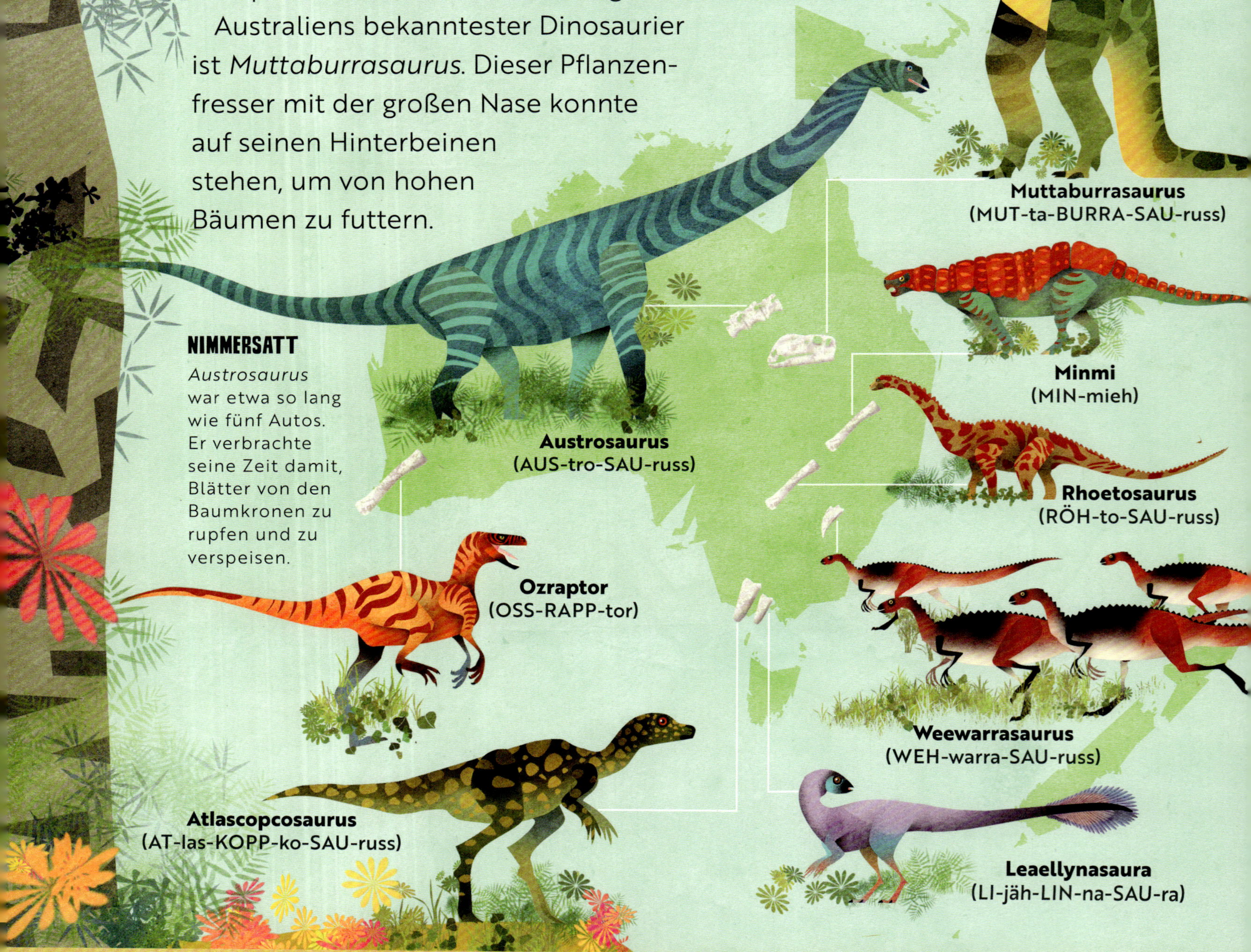

NIMMERSATT
Austrosaurus war etwa so lang wie fünf Autos. Er verbrachte seine Zeit damit, Blätter von den Baumkronen zu rupfen und zu verspeisen.

SCHAU GENAU! Welcher Dinosaurier hat einen langen gefiederten Schwanz?

ANTARKTIS

Heute ist die eisige Antarktis der kälteste Ort der Erde. Doch zu Zeiten der Dinosaurier war es dort viel wärmer. In den üppigen Wäldern lebten einst die unterschiedlichsten Geschöpfe.

Cryolophosaurus war der König der Fleischfresser. Kannst du dir diesen Furcht einflößenden Räuber bei der Jagd auf Pflanzenfresser wie *Glacialisaurus* vorstellen?

BUNTE KRONE

Cryolophosaurus hatte eine auffällige bunte Federhaube auf dem Kopf. Sie könnte ihm geholfen haben, eine Partnerin zu finden.

EISIGES FOSSIL

Antarctopelta war ein stämmiger, mit Knochenplatten gepanzerter Pflanzenfresser. Es dauerte zehn Jahre, bis seine Knochen aus dem gefrorenen Boden ausgegraben waren.

SCHAU GENAU! Entdeckst du einen gepanzerten Dinosaurier?

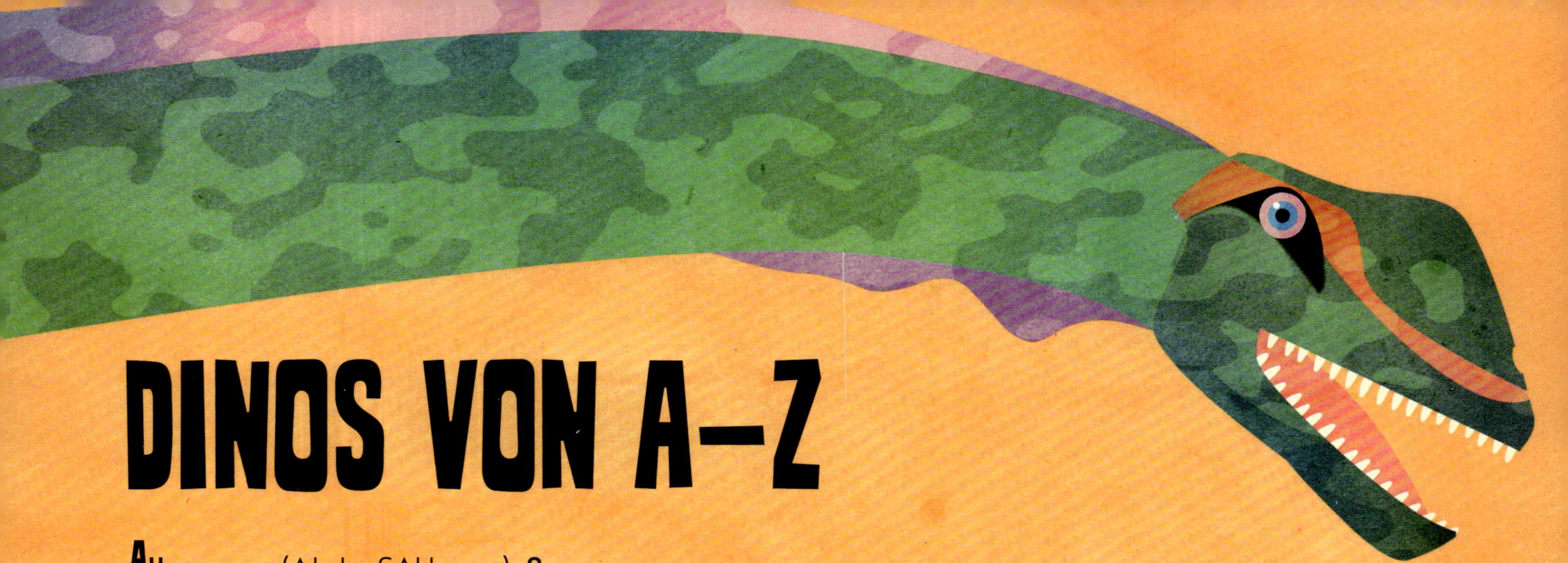

DINOS VON A–Z

SCHAU GENAU! Wie viele Dinosaurier-Namen fangen mit dem Buchstaben D an?

Kannst du den Namen *Jaxartosaurus* finden? Auf welcher Seite steht er?

SCHAU GENAU! Wie sprichst du *Struthiomimus* aus?